Deutschland

Städte und Landschaften

Prisma Verlag

Konzeption und Text: Ingrid Dieckmann-Jung
Übersetzungen: ASZ-BÜRO, Bielefeld

Bildquellenverzeichnis:

Bundesbildstelle Bonn (1)
Bormann (2)
Bouillion (1)
Bünermann (1)
Böhm (1)
Candelier (1)
Centralcolor (1)
Edelmann (1)
Grimm (1)
Göpl (1)
Herfort (2)
Huber (3)
Jorde (5)
Kinkelin (31)
Klammet (8)
Klammet + Aberl (14)
laenderpress (1)
Lehnartz (1)
Lechner (17)

Löbl-Schreyer (4)
Mader (1)
Mathyschok (5)
Mauritius (5)
Meyer (1)
Müller-Brunke (9)
Pahlke (1)
Retzlaff (1)
Ritzel (1)
Steinkopf (1)
Schmitt (1)
Schneiders (5)
Schuler (1)
Dr. Schultze-Naumburg (1)
Vollmer (1)
Weymeyer (1)
Willsberger (10)
ZEFA (10)
Zwicker (1)

© Prisma Verlag GmbH, Gütersloh 1986
Alle Rechte vorbehalten
Gesamtherstellung Mohndruck Graphische Betriebe GmbH, Gütersloh
Printed in Germany
ISBN 3-570-01795-8

Deutschland —
Städte und Landschaften

»...es war doch so schön.« Schön — was ist schön? Mit der Schönheit verhält es sich wie mit dem Glück, kaum ein Begriff ist subjektiver zu deuten. Schicken Sie zehn Menschen das Rheintal hinunter, und Sie werden zehn verschiedene Schilderungen dessen erhalten, was der einzelne auf seiner Fahrt als schön empfunden hat.

Einer wird die Majestät des deutschen Schicksalsstroms preisen, der andere die romantischen Burgen hoch über den Ufern, Zeugen vergangener, nicht immer ruhmreicher Tage. Was für den dritten die Fachwerkidylle versteckter Dörfer, ist für den nächsten die Hochhausmajestät der großen Städte. Schönheit — das ist die braungoldene Fülle der Weinberge, aber das kann auch der glutrote Schein von Hochöfen am Nachthimmel, das Glitzern tausender Lichter am Röhrengewirr chemischer Großanlagen sein.

Das Ruhrgebiet — auch das ist ein Stück Deutschland — schönes Deutschland. Allerdings, die Auswahl dessen, was schön und typisch für dieses Land ist, wird immer subjektiv bleiben. »In der Beschränkung zeigt sich der Meister«. Beschränkung, das heißt hier in diesem Buch nicht nur Auswahl ohne Schmälerung der Substanz, sondern auch bewußte Beschränkung auf den Teil Deutschlands, der heute den Namen Bundesrepublik trägt. Selbstverständlich liegt jenseits der Grenze im Osten auch Deutschland. Zwei Kapitel dieses Buches dokumentieren das deutlicher als Worte: der in zwei Hälften zerschnittene Harz und das geteilte Berlin, die von einer Mauer gespaltene ehemalige Hauptstadt des deutschen Reiches.

Deutschland — auch ein Begriff, den jeder subjektiv mit einem anderen Inhalt füllt. Heinrich Heine hat, als er »Deutschland — ein Wintermärchen« schrieb, darunter sicher etwas anderes verstanden als Bismarck, der 1871 für 74 kurze Jahre einen deutschen Nationalstaat ins Leben rief. Das Deutschland des Hoffmann von Fallersleben, der 1841 auf Helgoland das »Deutschlandlied« verfaßte, war ein anderes als das Konrad Adenauers, des ersten Kanzlers der Bundesrepublik.

Deutschland — das ist laut Brockhaus anno 1886 »das Centralland Europas, früher im weiteren Sinne das zusammenhängende Gebiet deutschen Elements und deutscher Sprache« und laut Lexikon von heute »jener schwer definierbare geographische Raum in der Mitte Europas, begrenzt von den Alpen im Süden und der Nord- und Ostsee im Norden, doch ohne natürliche Abgrenzung nach Westen und Osten, und daher seit alters her ein Durchgangsraum.«

»Vom Fels zum Meer« erstreckt sich das deutsche Land, das wir wie auf einer Treppe von der Küste bis hinauf zur Zugspitze durchwandern. Eine Wanderung, bei der die Vielgestaltigkeit dieses Landes sichtbar wird, in seinen Tälern und Höhen, in den Strömen und Seen, den Dörfern und Städten, in der Kunst und Kultur, den Baudenkmälern von einst und jetzt.

Die Bilderreise zeigt einige der zahllosen Gesichter der Bundesrepublik Deutschland, dieses 248 601 Quadratkilometer großen Staates, der 1949 durch den Zusammenschluß von elf Bundesländern entstand. Heimat von mehr als 62 Millionen Deutschen, ein Land, in dem Tradition und Fortschritt unter einem Dach wohnen, ein Land vor allem, das in seiner Vielfalt und Schönheit selbst für den erfahrenen Weltenbummler immer noch Überraschungen bereithält.

Germany—Cities and Countryside

"…so beautiful has it been." Beautiful— what is beauty? With beauty it is as with happiness, hardly any term can be more subjectively interpreted. If one were to send ten people down the Rhine valley, one would get ten different opinions of what is most beautiful in the region.

One will praise the majesty of this river full of destiny, another the romantic fortresses high above the river banks, witnesses of times in the past that were often dark. Another is struck by the half-timbered houses in hidden villages, a further by the majestic skyscrapers in the cities. Beauty—that is the golden brown wealth of the vineyards; but it can also be the fiery red glare of blast furnaces in the night sky, the glitter of thousands of lights in the pipes of large chemical plants.

The Ruhr District—this too is a part of Germany, of beautiful Germany. The selection, of course, of what is beautiful and typical for this country will always remain a matter of opinion. "Brevity is the soul of wit." Brevity, that means here not only selection without curtailment of the sub-

stance, but also a purposeful restriction to the part of Germany that today bears the name Federal Republic of Germany. Of course Germany exists as well across the eastern border. Two chapters in this book underline this better than words: the Harz Mountains and Berlin, the former capital of the German Empire, a city now divided by a wall.

Germany—also a word with which each one subjectively associates other things. When Heinrich Heine wrote "Germany—a winter tale" he certainly had a different understanding of it than Bismarck, who in 1871 called into life a German nation state that lasted 74 short years.

The Germany of Hoffmann von Fallersleben, who composed in 1841 on Heligoland the "German Song", was a different one than that of Konrad Adenauer, the first chancellor of the Federal Republic of Germany.

Germany—that is according to the 1886 edition of the Brockhaus Encyclopaedia "the central country of Europe, formerly in a wider sense the widerspread region of German culture and language", and according to today's definition "the geographical location in the centre of Europe that is so difficult to define, bounded in the south by the Alps and in the north by the North Sea and the Baltic Sea, but without natural bounderies towards east and west and hence a region through which people were free to travel in the past".

From the sea to the mountains, the German countryside stretches out as it slowly climbs from the coast up to the peak of Mt. Zugspitze; an excursion that displays the diversity of this country with its valleys and cities, its art and culture and its architectural monuments of the present and the past.

The journey in pictures shows some of the countless faces of the Federal Republic of Germany, a state of 96,000 sq. miles, that was formed in 1949 by a union of eleven states. Home of more than 62 million Germans, a country that hosts tradition and the progress of our times under one roof, above all a country that surprises even the veteran globe-trotter by its variety and beauty.

L'Allemagne —
Villes et paysages

«…c'était quand même si beau». Beau — Qu'est-ce qu'on entend par beau? La beauté, c'est comme le bonheur, presqu'aucune autre notion n'est plus subjective à expliquer. Si dix personnes descendent la vallée du Rhin, chacune vous donnera une description différente de ce qu'elle a éprouvé de beau.

L'une louera la majesté du fleuve «fatal» allemand, l'autre les forteresses romantiques perchées sur ses rives, témoins d'un passé pas toujours glorieux. Pour une troisième personne, ce sera l'idylle d'un village retiré avec ses maisons à charpentes cloisonnées; pour la suivante, la majesté d'un immeuble élevé d'une grande ville. Beauté — c'est l'opulence des vignobles bruns-dorés, mais cela peut être aussi la lueur rouge ardente des hauts-fourneaux dans un ciel nocturne, ou bien encore le scintillement de mille lumières des labyrinthes de tuyaux des installations chimiques.

La région de la Ruhr, c'est là aussi une partie de l'Allemagne, de la belle Allemagne. Bien sûr, le choix de ce qui est beau et typique pour ce pays restera toujours subjectif. «C'est par un bon choix que l'on reconnaît le maître». Réduire, cela veut dire dans ce livre, non seulement faire un choix sans retirer de la substance, mais encore faire une restriction bien voulue sur cette partie de l'Allemagne qu'on appelle aujourd'hui la République Fédérale d'Allemagne. A l'est, de l'autre côté de la frontière, c'est aussi

l'Allemagne — cela va de soi. Deux chapitres de ce livre le documente encore plus clairement que pourraient le faire des mots: le Harz coupé en deux, et le Berlin, ancienne capitale du Royaume Allemand, divisé par un mur.

L'Allemagne — encore une notion dont chacun peut donner subjectivement un autre contenu. Lorsqu' Heinrich Heine a écrit «l'Allemagne — un conte d'hiver» il a sûrement dit autre chose que Bismark, qui, en 1871 fonda «l'Etat National Allemand» pour une courte durée de 74 années.

L'Allemagne d'Hoffmann von Fallersleben, qui composa à Helgoland en 1841 l'hymne allemand «Deutschlandlied», est autre que celle de Konrad Adenauer, 1er Chancelier de la République Fédérale.

D'après le dictionnaire «Brockhaus» de l'année 1886, l'Allemagne, «c'était le pays central de l'Europe — au sens large du mot — une connexion de pays d'éléments et de langue allemands.» D'après le dictionnaire d'aujourd'hui, «c'est l'espace géographique en Europe Central, difficile à définir, limité au sud par les Alpes, et au nord par les mers du Nord et de la Baltique, donc depuis toujours un pays transitaire».

Le pays allemand s'étend «vom Fels zum Meer» (des rochers jusqu' à la mer) qui monte comme un escalier de la côte jusqu'au sommet de la Zugspitze. Cette promenade nous découvre les multiples visages de ce pays, ses vallées et ses montagnes, ses fleuves et ses lacs, ses villages et ses villes, ses arts et sa culture, ses monuments d'hier et d'aujourd'hui.

Ce voyage illustré nous montre les innombrables visages de la République Fédérale d'Allemagne, ce grand pays de 248.601 km² de superficie qui s'est formé en 1949 en unissant ses 11 pays fédéraux. Patrie pour plus de 62 millions d'Allemands, ce pays oú habite sous le même toit la tradition et le progrès, surprend par sa diversité et sa beauté même le globe-trotter le plus expérimenté!

An der Küste

»Da wir heute nur an Stellen, die seicht sind, modeln und graben —. Leuchtturm, deine Arme möchte ich haben und umarmen, was deine Kreise reicht.« So beginnt ein Gedicht von Ringelnatz, dem kleinen Poeten mit der großen Liebe zur Seefahrt und dem Meer.

»Meerumschlungen« liegt Schleswig-Holstein, schmale Landbrücke im Norden Deutschlands, deren Küsten von Nord- und Ostsee umbrandet werden. Die Ostsee, das war einst Wochenendziel der Berliner. Aus den verträumten Familienbädern und malerischen Fischerdörfern wurden in den letzten Jahrzehnten moderne Ferienzentren mit allem, was das komfortgewohnte Herz des Urlaubers begehrt. Das Hinterland mit seinen pittoresken Seen gibt sich verträumter. Und traditionsbewußt — wie die Hansestadt Lübeck, in der die »Buddenbrooksche Tradition« noch heute lebendig ist.

An der Nordseeküste regiert wie einst der »blanke Hans«, der in der rauhen Jahreszeit an den Küsten der Nord- und Ostfriesischen Inseln frißt und gegen die von Menschenhand geschaffenen Deiche anrennt. Im Sommer übergibt er das Zepter den Touristen. Millionen von sonnenhungrigen Bleichgesichtern, die FKK und Nachtleben mit Snob-Appeal genießen. Wie sagen doch die Einheimischen: »Wer sich hier erholt, ist selbst dran schuld.«

Ein Wort noch zu Hamburg, der Stadt, in der »die Nächte immer noch lang sind«. Denn es wäre unverzeihlich, über die Küste zu reden, ohne diese größte deutsche Industriestadt mit ihrem Hafen, dem »Tor zur Welt« zu würdigen. Es ist eine weltoffene Stadt mit über 1000jähriger Tradition, kon-servativ, aber dennoch tolerant (— wo gäbe es ein zweites St. Pauli?) — und in dieser Mischung wahrscheinlich einmalig und sicher liebenswert.

Schleswig Holstein, embraced by the sea, is a narrow land bridge in the north of Germany, whose coasts are washed by the North Sea and the Baltic Sea. The health resorts along the coast are overrun by millions of tourists craving for sunshine. Only in the bleak season of the year does the sea rule as in the past, storming against the manmade dikes. Two cities should not be left unmentioned: the Hanseatic city Lübeck and Hamburg, the largest German industrial city, conservative yet open to the world with its international harbour.

«Schleswig-Holstein», enlacée par la mer, est un pont étroit de terre, au nord de l'Allemagne, où se brisent sur ses côtes les mers du Nord et de la Baltique. Des milliers de touristes affamés de soleil occupent toutes les stations balnéaires des îles et de la côte. Ce n'est que pendant les périodes rudes que règne ici le «blanke Hans», assaillant les digues bâties de mains d'hommes. Deux villes à ne pas oublier: la ville «hanséatique de Lübeck», consciente de sa tradition, et Hambourg, la plus grande ville industrielle, à la fois conservatrice et, malgré tout, ouverte au monde avec son «Tor zur Welt».

Westerhever—Leuchtturm mit fruchtbarem Marschland bei Eiderstedt an der Westküste Schleswig-Holsteins ○ Westerhever lighthouse with fertile marshland near Eiderstedt on the west coast of Schleswig-Holstein ○ Westerhever—Le phare et la fertile «Marschland» près d'Eiderstedt sur la côte ouest de Schleswig-Holstein.

Rechts: Cuxhaven an der Elbmündung, Fischereihafen ∘ Right: Cux-
haven at the mouth of the river Elbe, fishing port ∘ A droite: Cuxhaven
sur l'embouchure de l'Elbe, port de pêche

Unten: Küste bei Wennigstedt auf Sylt, größte der Nordfriesischen Inseln
Below: Coast near Wennigstedt on the island of Sylt, the largest of the
North Frisian Islands ∘ En bas: la côte de Sylt près de Wennigstedt, la
plus grande des îles Nord-Frises

Fahrt bei Ebbe durch das Duhner Watt bei Cuxha-
ven ∘ Tour at low tide through the Duhn Shallows
near Cuxhaven ∘ Promenade en marée basse à
Cuxhaven à travers les lagunes de Duhner

Helgoland, einzige Felseninsel in der Nordsee, 50
km vor dem Festland ∘ Heligoland, the only rock
island in the North Sea, 30 miles offshore ∘ Helgoland, seule île rocheuse de la mer du Nord, à 50 km
de la côte

Greetsiel, malerisches Fischerdorf in Ostfriesland
Greetsiel, picturesque East Frisian fishing—village
Greetsiel, village de pêcheurs pittoresque à l'est de
la Frise

Links: Flensburg, alte Hafen- und Handelsstadt an der Flensburger Förde nahe der dänischen Grenze
Left: Flensburg, old seaport and trading town in the Flensburg Fjord close to the border of Denmark
A gauche: Flensburg, vieux port et ville marchande près de la frontière danoise

Unten: Hafen des Ostseebades Travemünde in der Lübecker Bucht ∘ Below: port of the seaside resort Travemünde in the Lübeck Bay ∘ En bas: port balnéaire de la Mer Baltique de Travemünde, dans la baie de Lübeck

Holstentor in Lübeck, mittelalterliches Backstein-
tor, Wahrzeichen der ehemaligen Freien Reichsstadt und »Königin der Hanse« ∘ Holsten Gate in
Lübeck, medieval brick architecture, emblem of the

former free city and "Queen of the Hanse" ∘
«L'Holstentor» de Lübeck, porte moyennageuse en
briques, symbole de l'ancienne ville impèriale libre
et «Reine des Hanse»

18

Kirchenvorhalle des 1280 gegründeten Heilig-Geist-Hospitals, einer frühen sozialen Einrichtung in Lübeck ∘ Church vestibule in the Holy Spirit Hospital, established in 1280, a former social institution in Lübeck ∘ L'église de l'hôpital «Heilig-Geist», fondé en 1280, était autrefois une organisation sociale de Lübeck

Links: Holsteinische Mühle bei Alt-Mölln, wo an-
geblich Till Eulenspiegel begraben liegt ○ Left:
Holstein mill near Alt-Mölln, where supposedly
Till Eulenspiegel lies buried ○ A gauche: Moulin
d'Holstein près d'Alt-Mölln où soi-disant fut en-
terré Till Eulenspiegel

Unten: Brenner Moor an der Trave nahe dem
Moorbad Oldesloe ○ Below: Brenner Moor by the
river Trave, near the moor health resort of Bad Oldesloe ○ En bas: Marais de Brenner sur la Trave
près des bains de boue d'Oldesloe

Freie und Hansestadt Hamburg: Blick auf die zweitgrößte Stadt Deutschlands (links) — Wassersportparadies der Hamburger, die Alster, und Hamburger Hafen, bedeutendster Seehafen der Bundesrepublik (unten) ∘ Free and Hanse city Hamburg: view onto the second largest city of Germany (left)—water sport paradise of Hamburg, the river Alster and the port of Hamburg, most important seaport of the Federal Republic (below) ∘ Ville libre hanséatique d'Hambourg: (à gauche) Vue sur la 2ème plus grande ville d'Allemagne — (en bas) paradis des sports nautiques des Hambourgeois, l'Alster et le plus important port maritime de la République Fédérale d'Allemagne

Cafépause in der Mönckebergstraße, Hauptein-
kaufsstraße der Hamburger ∘ The Mönckebergstraße—main shopping street in Hamburg ∘ Cafépause dans la rue de Mönckeberg, principale rue
commerçante hambourgeoise

Niedersächsischer Bauernhof im »Alten Land« an der Unterelbe nahe Stade — Idylle vor den Toren Hamburgs ◦ Lower Saxon farm in the "Alten Land" at the lower Elbe near Stade—idyll before the gates of Hamburg ◦ Ferme de Basse-Saxe dans l'«Alten Land» sur la Basse Elbe, près de Stade — Idylle juste devant les portes de Hambourg

Zwischen Harz und Heide

In der Walpurgisnacht treiben die Hexen im Harz ihr Unwesen. Furchterregend und langmähnig reiten sie auf ihren Besen zum Blocksberg, wo sie am 1. Mai den Schnee wegtanzen. Denn so gebietet es ihr Herr und Meister Mephistopheles, der in diesem kleinen, dem nördlichsten der deutschen Mittelgebirge auch höchstpersönlich seine Spuren hinterließ. Ebenso wie Riesen und Zwerge, Kobolde und Waldgeister.

Denn der Harz ist ein sagenträchtiges Fleckchen Erde, das nicht nur die Einheimischen von jeher zum Fabulieren anregte. Auch große Dichter haben der Schönheit dieser Wandereroase ein Denkmal gesetzt. So fanden die Harzreisen von Goethe und Heine, von Novalis, Eichendorff oder Fontane poetischen Niederschlag.

Literarischer Glanz fällt auch auf eine völlig andere Landschaft Niedersachsens — dieses so mannigfaltigen Staates, der nach dem Zweiten Weltkrieg aus der preußischen Provinz Hannover und den früheren Ländern Braunschweig, Oldenburg, Schaumburg-Lippe entstand, eines Landes, das von der Nordseeküste bis hin zu der mitteldeutschen Gebirgsschwelle reicht. Gemeint ist die Lüneburger Heide, deren »letzte Rosen« und »treuen Blümlein Erika« von den Schlagerntextern strapaziert, und deren herbe Romantik von Hermann Löns über die Grenzen Deutschlands hinaus bekannt gemacht wurde.

Doch wer die Heide hat blühen sehen, wer den kargen Reiz dieser Landschaft zu schätzen weiß, der versteht, was Theodor Storm empfand, als er schrieb:

»Es ist so still, die Heide liegt im warmen Mittagssonnenstrahle, ein rosenroter Schimmer fliegt um ihre alten Gräbermale; die Kräuter blühn, der Heideduft steigt in die blaue Sommerluft.«

The Harz Mountains is a fable-laden corner of the earth, that not only stimulated the residents in the past to tell tales but also inspired great poets to immortalise it. Thus the travels of Goethe and Heine, of Eichendorff and Fontane in the Harz Mountains found a poetic resonance. But literary glamour also surrounds a completely different region in Lower Saxony, this land of many faces, that reaches from the North Sea down to the mountain shelf of central Germany—the Lüneburg Heath; its wild romanticism has been made known beyond the bounderies of Germany by Hermann Löns.

Les montagnes du Harz sont une parcelle d'univers chargée de légendes qui non seulement stimule, depuis toujours, les natifs à conter des fables; mais également les grands poètes ont fait hommage à la beauté de ces lieux. C'est ainsi que Goethe, Heine, von Novalis, Eichendorff et Fontane donnèrent à leurs voyages dans le Harz toute leur expression poétique. Mais la splendeur littéraire s'applique également à un tout autre paysage de la Basse-Saxe, pays d'une grande diversité qui s'étend des côtes de la mer du Nord jusqu'au pied des massifs du centre de l'Allemagne. Il s'agit des landes de Lunebourg qu'Hermann Löns, avec son romantisme sec, fit connaître au-delà des frontières allemandes.

Okertal im Harz, wegen seiner vielseitigen Gesteinsformationen auch »Quadratmeile der Geologie« genannt ○ The Oker valley in the Harz Mountains; due to the great variety of the rock formations it is also called the "Geology's Square Mile" ○ La vallée de l'Oker, dans le Harz, est aussi appelée le « mille carré » de la géologie, à cause de sa formation minérale complexe

*Lüneburger Heide — Hermann Löns machte sie
mit seinen Liedern berühmt: Alter Schafstall bei
Bispingen nahe dem Wilseder Berg (169 m) (rechts)
— Heidschnucken-Herde (unten) ○ Lüneburg
Heath—made famous by the songs of Hermann
Löns: old sheepfold at Bispingen near the Wilsede
Mountain (555 ft.) (right)—flock of Heid-
schnucken in the Lüneburg Heath (below) ○ La
Lüneburger Heide — Hermann Löns l'a rendu cé-
lèbre par ses chansons: (à droite) vieille étable de
moutons ores de Bispingen, non loin du mont
Wilseder (169 m) — (en bas) troupeau d'Heid-
schnucken*

Das Wahrzeichen Bremens, der 550 Jahre alte »Roland« vor dem Rathaus der Hansestadt — Symbol der hohen Gerichtsbarkeit und Stadtfreiheit ∘ Bremen's emblem, the 550 year old Roland statue in front of the Hanse townhall, a symbol of the high court and the free city ∘ Devant la ville hanséatique le «Roland», emblème de Brémen, qui date 550 ans, symbolise la haute juridiction et la liberté de la ville

*Hafen von Oldenburg (Oldb.), ehemals großher-
zogliche Residenzstadt ∘ The port of Oldenburg,
former residence of the grand duke ∘ Port d'Oldenburg (Oldb.), autrefois ville résidentielle des grands
ducs*

Hannover, bedeutender deutscher Messeplatz — altes Rathaus der niedersächsischen Landeshauptstadt ∘ Hannover, important German fair town, old townhall of the capital of Lower Saxony ∘ Ha- *novre, très important centre de la foire allemande — la plus ancienne mairie de la capitale de la Basse-Saxe*

32

Blick vom Hannoveraner Rathausturm: Leine mit Leineschloß, Sitz des niedersächsischen Landtags (rechts unten) und Kuppelbau der Clemenskirche (links) ◦ View from the tower of the townhall in

Hannover: river Leine with the Leine Castle and dome of the church of Clement ◦ Vue de la tour de la mairie d'Hanovre: La Leine avec le château de la Leine et dôme de l'église «Clemens»

Unten: Das im 17. Jahrhundert erbaute Zeughaus
im niedersächsischen Wolfenbüttel ∘ Below: 17th
century Arsenal in Wolfenbüttel, Lower Saxony
En bas: l'arsenal de Wolfenbüttel (Basse-Saxe) bâti
au XVIIe siècle

Rechts: Kleinod des deutschen Mittelalters —
Kreuzgang des Hildesheimer Doms mit tausendjäh-
rigem Rosenstock ∘ Right: The cloister of the Hildesheim Cathedral with a thousand year old rose
tree ∘ A droite: le chemin de croix de la cathédrale
d'Hildesheim avec son rosier millénaire

Links: Zeugen aus der Zeit Heinrichs des Löwen: Burg Dankwarderode und der aus Erz gegossene Löwe auf dem Burgplatz von Braunschweig ○ Left: Witnesses from the time of Heinrich the Lion: the Dankwarderode Castle and the cast metal lion in the castle square ○ A gauche: Château de Dankwarderode et sur la Place de Burg de Braunschweig, lion en airain, témoins de l'époque d'Henri le Lion

Unten: Wolfsburg — Sitz des Volkswagenwerkes, 1938 gleichzeitig mit dem Werk gegründet ○ Below: Wolfsburg—home of the Volkswagen, the town and the factory were founded in 1938 ○ En bas: Wolfsbourg, siège de la fabrique des Volkswagen, fondée en 1938

Mittelalterlicher Brunnen vor dem Rathaus von Goslar, der 1000jährigen Kaiser- und Reichsstadt im Harz ○ The medieval fountain in front of the townhall of Goslar, the thousand year—old impe- rial town in the Harz Mountains ○ Goslar, ville impériale millénaire, dans le Harz: sa fontaine médiévale en face de l'hôtel de ville

Der Harz, das nördlichste deutsche Mittelgebirge mit dem 1142 m hohen Brocken ∘ The Harz Mountains, the most notherly situated upland in Germany with the 3750 ft. Mt. Brocken ∘ Le Harz, montagne moyenne la plus nordique d'Allemagne, avec Brocken, son point culminant de 1142 m

Vom Rhein bis an die Weser

Nordrhein-Westfalen: bevölkerungsreichstes Land der Bundesrepublik. Einzugsgebiet des Niederrheins mit seinen breiten Flußniederungen und fruchtbaren Marschwiesen. Aber auch seit 150 Jahren Land der Kohle und des Stahls.

Der »Pütt« — Quelle wirtschaftlichen Wachstums, die das Ruhrgebiet zu einem der größten Industriereviere Europas machte. Aber auch zu einem der schmutzigsten. Der »Pütt« — Heimat auch des jüngsten deutschen Dialekts, des Ruhrpottdeutsch, in dem Wilhelm Herbert Kochs »Kumpel Anton«, den »tofften Seegers«, den hier jedes Kind kennt, sich den Tagesärger von der Seele quatscht:

»Mornschicht is schäbbich, da musse schon um fümf raus. Un dann bisse noch klamm im Kopp. Un dat is kalt un am regen, un tu hass überhaupt keine Lust. — Un Nachschicht, die is schäbbich. Wenn andere Leute im Kinno gehn, oder am schickern sint, dann musse nachen Pütt hin un malochen. — Woran lichtat bloss, datt geede Schicht schäbbich is, wennse anfänkt, un schön, wennse aufhört?«

Nordrhein-Westfalen, das ist aber auch ein Land grüner Oasen. Wie die zahlreichen efeuumrankten Wasserburgen im Münsterland oder die Blumenpracht des Essener Grugaparks. Das ist Duisburg, größter Binnenhafen Europas, oder Düsseldorf, Nordrhein-Westfalens Hauptstadt, in deren Klima nicht nur Bürohochhäuser und Manager, sondern auch die Kunst und Kultur von heute und morgen famos gedeihen.

Und — last, not least — darf eine nordrhein-westfälische Attraktion nicht vergessen werden: Bonn, 12 v. Chr. noch »Castrum Bonnensia«, seit 1949 Sitz der Bundesregierung und damit jüngste Hauptstadt

Europas. Die Provinzstadt müht sich seither redlich, der unerwarteten Ehre mit Betonmonumenten zwischen Barockbauten aus kurfürstlicher Zeit und Stuckfassaden aus der Jahrhundertwende gerecht zu werden. Doch ein kleines Altstadthaus stiehlt der »Moderne« ihre Schau. In ihm wurde anno 1770 Ludwig van Beethoven geboren.

North Rhine Westphalia—most densely populated district of the Federal Republic. For 150 years land of coal and steel but also a land of green oases. North Rhine Westphalia, that is Duisburg, Europe's largest inland harbour, and Düsseldorf the "Desk of the Ruhr District", but it is also the floridity of the Gruga Park in Essen and the numerous ivy-clad water fortresses in the country around Munster. And that is certainly Bonn, in 12 B. C. Castrum Bonnensia and since 1949 seat of the Federal Government and thus the youngest capital in Europe.

La Rhénanie-Westphalie est le land le plus peuplé de la République Fédérale d'Allemagne. Depuis 150 ans pays du charbon et de l'acier, c'est aussi le pays des vertes oasis. La Rhénanie-Westphalie, c'est Duisbourg, le plus grand port fluvial d'Europe, et Düsseldorf, le « bureau » de la Ruhr. Mais c'est également la splendide floraison du parc Gruga à Essen et les nombreux châteaux de la région de Münster, recouverts de lierre grimpant. Et c'est bien sûr Bonn, appelée en l'an 12 avant JC « Castrum Bonnensia »; depuis 1949, siège du Gouvernement Fédéral, Bonn est la plus jeune capitale d'Europe.

Wasserschloß Gemen bei Borken, eine der zahlreichen Wasserburgen im Münsterland ○ Water Castle Gemen near Borken, one of the numerous water fortresses in the country around Münster ○ Château de Gemen, près de Borken, l'un des nombreux châteaux de la région de Münster

Links: Paderborn, Erzbischofssitz und »Hochstift«
mit romanischen Bauten wie Abdinghofkirche und
Dom ∘ Left: Paderborn, seat of the archbishop and
the bishopric with the romanesque architecture of
the Abdinghof church and cathedral ∘ Ci-contre:

Paderborn, siège de l'archevêché et Grand Chapi-
tre; ses monuments romans, tels que l'église d'Abdinghof et la cathédrale
Unten: Bauernhof in Westfalen ∘ Below: Farm in
Westphalia ∘ En bas: Ferme en Westphalie

Münster am Aasee, Bischofssitz zwischen Teuto-
burger Wald und Rheinischem Schiefergebirge,
schon Ende des 8. Jahrhunderts bedeutendes Mis-
sionszentrum ∘ *Münster on the Aasee, seat of the*
bishopric lying between the Teutoburg Forest and
the Rhine Slate Mountains ∘ *Münster, siège de*
l'évêché, au bord du lac d'Aa, entre la forêt de Teu-
toburg et le Massif Schisteux Rhénan, qui fut, dès la
fin du VIIIè siècle, un important centre mission-
naire

Bürgerhäuser am Prinzipalmarkt von Münster, Zeugen des Handels mit Rußland, England und Flandern im 14. Jahrhundert ∘ Dwelling houses on the Principal Market Square, Münster, witnesses of the trade between russia, England and Flanders ∘ *Les maisons bourgeoises sur le marché principal de Münster sont les témoins du commerce effectué avec la Russie, l'Angleterre et la Flande*

Nordrhein-Westfalen — Land der Gegensätze: Wasserschloß Lembeck, Idylle aus dem 14. Jahrhundert (rechts) — Duisburg, Deutschlands größter Binnenhafen, und Westfalenpark in Dortmund, zweitgrößte Stadt des Ruhrgebiets (unten) ∘ North Rhine Westphalia — country of contrast: water castle Lembeck, idyll from the 14th century (right) — Duisburg, Germany's largest inland harbour, and the park of Westphalia in Dortmund, the second largest town of the Ruhr District (below) ∘ La Rhénanie-Westphalie, pays des contrastes: le château de Lembeck, l'idylle du XIVè siècle (ci-contre) – Duisbourg, le plus grand port fluvial d'Allemagne et le parc de Westphalie à Dortmund, la seconde ville du Bassin de la Ruhr (ci-dessous)

*Grüne Oase im Ruhrgebiet: der 80 ha große Gru-
gapark in Essen (links) — Bergbau und eisenschaf-
fende Industrie, bestimmend für die nahezu 150
Jahre alte Geschichte des Ruhrgebiets (unten) ◦
Green oasis in the Ruhr District: 0.5 sq. mile large
Gruga Park in Essen (left) — mining and iron in-*
*dustry, important for the almost 150 year-old hi-
story of the Ruhr District ◦ Oase verte de la Ruhr:
(à gauche) le parc «Gruga» à Essen a 80 ha de
superficie — L'exploitation des mines et l'industrie
de la production du fer jouent un rôle décisif dans
l'histoire de la Ruhr qui a 150 ans (en bas)*

Düsseldorf, Landeshauptstadt von Nordrhein-Westfalen, auch »Schreibtisch des Ruhrgebiets« genannt ○ Düsseldorf, district capital of North Rhine Westphalia, also called the "Desk of the Ruhr District" ○ Düsseldorf, la capitale du land de Rhénanie-Westphalie, est aussi appelée le « bureau » du Bassin de la Ruhr

Kunst und Wirtschaft in Düsseldorf eng benachbart: Vor dem 94 m hohen Thyssenhaus das neue Schauspielhaus ∘ Art and economy are close neighbours in Düsseldorf: in front of the 309 ft. Thyssen House the new theatre ∘ Les arts et les activités économiques sont à Düsseldorf étroitement liés: devant l'immeuble «Thyssenhaus» de 94 m de haut, le nouveau théâtre

Rechts: Karlsschrein im Kaiserdom zu Aachen, Meisterwerk der Goldschmiede-kunst im hohen Mittelalter ∘ Right: Karl's Shrine in the Emperor Cathedral in Aachen, masterpiece of gold craftsmanship in the late Middle Ages ∘ Ci-contre: la châsse de Charlemagne, dans la cathédrale d'Aix-la-Chapelle, est un chef-d'œuvre d'orfèvrerie du haut Moyen-Age

Unten: Schwanenburg bei Kleve, Schauplatz der Lohengrinsage ∘ Below: Schwanenburg near Kleve, scene of the Lohengrin sagas ∘ Ci-dessous: Schwa-nenburg près de Clève, lieu où se déroula la légende de Lohengrin

Köln, eine der ältesten Städte Deutschlands, 50 n. Chr. als Colonia Claudia Ara Agrippinensis aus einem römischen Lager entstanden: Dom, Wahrzeichen der Stadt, mit Deutzer Brücke und Einkaufszentrum Hohe Straße (unten) — Grab der Kaiserin Theophano in der Krypta von St. Pantaleon (links) ∘ Cologne, one of the oldest cities of Germany — developed in 50 A. D. from a Roman camp to Colonia Claudia Ara Agrippinensis; Cathedral, emblem of the city with Deutzer Bridge and shopping street Hohe Straße (below) — tomb of empress Theophano in the crypt of St. Pantaleon (left) ∘ Cologne, une des plus anciennes villes d'Allemagne, appelée 50 ans après JC «Colonia Claudia Ara Agrippinensis» eut un camp romain pour origine: La cathédrale, emblème de la ville, avec le pont Deutz et le centre commercial de la «Hohe Straße» (en bas) — Tombe de l'impératrice Theophano dans la crypte de St. Pantaleon (à gauche)

Unten: Bonn, Universitätsstadt, Geburtsort Beethovens, seit 1949 Hauptstadt der Bundesrepublik Deutschland ○ Below: Bonn, university city, Beethoven's birth place, since 1949 capital of the Federal Republic of Germany ○ En bas: Bonn, ville universitaire, lieu de naissance de Beethoven et depuis

1949 capitale de la République Fédérale d'Allemagne
Rechts: Landschaft am Niederrhein ○ Right: Countryside by the Lower Rhine ○ A droite: Paysage du Bas-Rhin

Im Land der Reben

»Für Sorgen sorgt das liebe Leben, und Sorgenbrecher sind die Reben.« Diese simple Feststellung verdanken wir keinem Geringeren als Johann Wolfgang von Goethe. Er war darin einer Meinung mit den alten Römern, die bereits schworen »in vino veritas«. Und sie, die in ihrer Götterschar auch den so sinnenfrohen Bacchus verehrten, waren es denn auch, die die Germanen das Vergnügen am edlen Rebensaft lehrten. Im gesamten römischen Herrschaftsgebiet links des Rheins, an der Mosel und in der Pfalz wuchsen im 2. Jahrhundert n. Chr. auch bald an allen Hängen die Reben. Und da die siegreichen Römer zugleich das Christentum nach Germanien brachten — und damit das Abendmahl —, trat der Rebensaft zusammen mit der neuen Religion alsbald den Siegeszug durch ganz Deutschland an.

Die Römer, die sich gute fünf Jahrhunderte in deutschen Landen aufhielten, ließen aber nicht nur die Früchte der Weinstöcke reifen. Ihnen verdanken wir auch die ältesten deutschen Städte wie Speyer, Worms, Trier und Köln.

Und noch jemanden gab es, dem das Rhein-Main-Gebiet zu Dank verpflichtet ist: Karl den Großen, der Frankfurt zum Schauplatz des Reichstags und der Synode machte. Er war es auch, der in den Auwäldern des Oberrheins Umschau halten ließ nach den größten und besten Wildbeeren. Er war es, unter dem die Stunde des Riesling schlug.

Könnte es einen schöneren Wahlspruch geben für diesen deutschen Landstrich, als den des weisen Plutarch, der bereits vor fast 2000 Jahren feststellte: »Der Wein ist unter den Getränken das nützlichste, unter den Arzneien die schmackhafteste und unter den Nahrungsmitteln das angenehmste.«

The Romans swore already "In vino veritas". And these adorers of the sensuous Bacchus were those who taught the Germans how to derive pleasure from wine. In the 2nd century A. D. wine was already growing on all the slopes in the Roman Empire, on the left bank of the Rhine, on the Mosel, and in the Rhineland Palatinate. To the Romans who resided in Germany for well over five centuries we also owe the oldest cities such as Spires, Worms, Trier, and Cologne. And Christianity with its Lord's Supper and wine began its triumphal march throughout Germany.

Déjà au temps des Romains, on jurait « in vino veritas ». Eux qui vénéraient le joyeux Bacchus parmi toute la légion de leurs dieux, apprirent aux Germains à apprécier les joies du noble vin. La vigne s'étendit, au IIè siècle après JC, dans tout l'empire romain, à gauche du Rhin, le long de la Moselle, dans le Palatinat, et bientôt sur tous les côteaux. C'est aux Romains, qui se sont attardés 500 ans dans les pays allemands, que l'on doit les plus vieilles villes telles que: Spire, Worms, Trèves ou Cologne. Et le christianisme – et, avec lui, la Cène et le vin – commença son épopée victorieuse à travers toute l'allemagne.

Fachwerkhäuser im hessischen Heppenheim an der Bergstraße, einem der fruchtbarsten Obst-, Gemüse- und Weinbaugebiete Deutschlands ○ Half—timbered houses in the Hessian Heppenheim, Bergstraße, one of the most fertile areas in Germany for fruits, vegetables and grapes ○ Maisons à colombages à Heppenheim dans la Hesse sur la route du Berg, l'une des régions les plus fertiles en fruits, légumes et vignobles d'allemagne

ANNO·DOMINI·1898.

Links: Siebentürmiger Dom St. Georg (im Hintergrund) und altes Rathaus von Limburg an der Lahn ◦ Left: St. Georg Cathedral with seven steeples (in the background) and old townhall of Limburg on the river Lahn ◦ A gauche: la cathédrale "St Georg" avec ses sept tours (à l'arrière-plan) et l'ancienne mairie de Limburg-sur-le-Lahn

Unten: Treffpunkt der Großen dieser Welt im 19. Jahrhundert — Bad Ems an der Lahn ◦ Below: Rendezvous of the great people of the world in the 19th century—Bad Ems on the river Lahn ◦ En bas: Bad Ems-sur-le Lahn, au 19e siècle point de rencontres des «grands» de ce monde

Rechts: Merl bei Zell an der Mosel, bekannter Weinbauort (»Zeller Schwarze Katz«) ∘ Right: Merl near Zell on the Mosel, famous for its wine ("Zeller Schwarze Katz") ∘ Ci-contre: Merl, près de Zell, sur la Moselle, célèbre région viticole (« Zeller schwarze Katz »)

Unten: Seit 800 Jahren im Besitz der Familie derer von und zu Eltz – die verwinkelte Burg Eltz hoch über dem Moseltal ∘ Below: Since 800 years in the possession of the family Eltz — the fortress Eltz high above the Mosel valley ∘ Cidessous: le château fort d'Eltz, qui domine la vallée de la Moselle, est depuis 800 ans la propriété de la famille des « von » et « zu » Eltz

Koblenz an der Mündung der Mosel in den Rhein
— auf dem Mahnmal am »Deutschen Eck« die
Flagge der Bundesrepublik ∘ Koblenz, where the
Mosel flows into the Rhine, the flag of the Federal
Republic of Germany on top of the monument
Deutsche Eck ∘ Coblence est au confluent de la
Moselle et du Rhin — Sur le monument «Deut-
schen Eck», le drapeau de la République Fédérale

*Rheinpfalz bei Kaub, Zollburg aus dem 13./14.
Jahrhundert ○ Rhine Palatinate near Kaub, fortress
of the 13th and 14th century ○ Le château de Zollburg du XIII-XIVè siècle, près de Kaub, en Rhéna-
nie-Palatinat*

Jugendburg Stahleck bei Bacharach am Rhein, 1689 zerstört, größtenteils wiedererrichtet, heute Jugendherberge ○ Fortress Stahleck near Bacharach on the Rhine, destroyed in 1689, rebuilt for the most part, today it serves as a youth hostel ○ Le château «Jugendburg Stahleck» de Bacharach sur le Rhin, détruit en 1689 et presque reconstruit, est aujourd'hui une auberge de jeunesse

Assmannshausen, hessischer Weinbauort im Rhein-
gau am Fuße des Niederwaldes ○ Assmannshausen,
Hessian wine village in the Rheingau at the foot of
the Lower Forest ○ Assmannshausen, région viti-
cole de la Hesse, au pied de la forêt du Niederwald

Wiesbaden, hessische Landeshauptstadt — Blick vom Kurpark auf das Staatstheater ∘ Wiesbaden, Hessian district capital—view from the park at the state theatre ∘ Wiesbaden, capitale de Hessen — Vue du parc thermal sur le théâtre national

Alte Buchbinderwerkstatt im Gutenberg-Museum in Mainz, Hauptstadt des Landes Rheinland-Pfalz
Old bookbinder's workshop at the Gutenberg Museum in Mainz, district capital of the Rhineland

Palatinate ○ *Ancien atelier de reliure du musée «Gutenberg» à Mayence, capitale du district «Rheinland-Pfalz»*

*Frankfurt — Blick über den Main auf Obermain-
brücke (vorn), Paulskirche (links) und gotischen
Dom, Krönungskirche der deutschen Kaiser bis
1792 (rechts) ∘ Frankfurt—view across the Main*
*on the Obermain bridge (in the front) St. Paul's
Church (left) and the Gothic Cathedral, coronation
church of the German emperors until 1792 (right)∘
(en 1er plan): Francfort — Vue du pont «Ober-*

mein» sur-le-Mein, (à gauche): l'église «Paulskirche» et la cathédrale gothique, où furent couronnés
jusqu'en 1792 les empereurs allemands (à droite)

Frankfurt, Geburtsstadt Goethes — Studierzimmer
im Goethehaus ∘ Frankfurt, birthplace of Goethe–
study room at the Goethe House ∘ Francfort, ville
natale de Goethe — Chambre d'études dans la
«maison de Goethe»

Links: Obstblüte im Schloßpark von Seeheim an der Bergstraße ∘ Left: Fruit tree in full bloom in the park of the Seeheim Castle, Bergstraße ∘ A gauche: Arbres en fleurs dans le parc du château de «Seeheim» sur la «Bergstraße»

Unten: Fürstenlager bei Bensheim-Auerbach am Westhang des Odenwaldes an der Bergstraße ∘ Below: Camp of the princes at Bensheim Auerbach at the western slopes of the Odenwald, Bergstraße ∘ En bas: Camp princier près de Bensheim-Auerbach sur la «route de la Bergstraße»

Unten: *Weinbauernhäuser an der Mosel-Wein-straße bei Rodt* ○ Below: *Houses of wine growers at the Mosel Wine Street near Rodt* ○ En bas: *Maison de vigneron près de «Rodt» sur la «route du vin» de la Moselle*

Rechts: *Romanischer Dom zu Speyer, Schauplatz von mehr als 50 Reichstagen im Mittelalter* ○ Right: *Romanesque cathedral at Spires, here more than 50 meetings of the Reichstag were held in the Middle Ages* ○ A droite: *Cathédrale de Speyer où eurent lieu, au Moyen-Âge, 50 «Reichstage»*

Teutoburger Wald: Hermannsdenkmal bei Det-
mold, erbaut zur Erinnerung an die »Schlacht im
Teutoburger Wald« 9 n. Chr. ◦ Teutoburg Forest:
the Hermann Monument near Detmold built in
memory of the battle in the Teutoburg Forest in 9

A. D. ◦ La forêt «Teutoburger Wald»: monument
historique «Hermannsdenkmal» près de Detmold
élevé en souvenir de la «bataille dans la forêt de
Teutoburger», au 9e siècle après JC.

Sauerland: Möhnetalsperre mit über 40 m hoher
Staumauer ∘ Sauerland: 140 ft. Möhne dam ∘
«Sauerland» — Barrage de «Möhnetal» avec ses di-
gues de plus de 40 mètres de haut

Freudenberg im Siegerland — mittelalterliches
Stadtbild mit gut erhaltenen Fachwerkhäusern ∘
Freudenberg in the Siegerland—medieval scenery
with well-kept half-timbered houses ∘ «Freudenberg dans le Siegerland» — Agglomération moyennageuse avec ses maisons à charpentes cloisonnées

Weserbergland: Weserschleife bei Steinmühle ∘   mühle ∘ Les monts de la Weser: une boucle de la
Weser Hills: meander of the river Weser at Stein-   Weser près de Steinmühle

Taunus, südöstlicher Teil des Rheinischen Schiefer-
gebirges: Blick auf Eppstein ○ Taunus, south
eastern part of the Rhine Slate Mountains—view
onto Eppstein ○ Le «Taunus», partie sud-est de la
montagne «Schiefer(gebirge)» avec sa vue sur Eppstein

Monschau in der Eifel, sieben Jahrhunderte alte Tuchmacherstadt am Fuße des Hohen Venn ○ Monschau in the Eifel Mountains, seven centuries *old clothmaker's town at the foot of Mt. Hoher Venn ○ Monschau dans la Eifel — ville de drapiers de 700 ans, au pied de l'«Hoher Venn»*

Hambacher Tal bei Heppenheim an der Bergstraße
am Westrand des Odenwalds ∘ Hambach valley at
Heppenheim, Bergstraße at the western edge of the

Odenwald region ∘ Vallée de «Hambach» près
d'Heppenheim sur la route de la «Bergstraße», au
bord ouest de l'Odenwald

Milseburg in der Rhön; 835 m hoher Vulkangipfel nahe der alten Bischofsstadt Fulda ∘ Milsenburg in the Rhön; 2600 ft. high vulcanic mountain near the old episcopal town Fulda ∘ «Milseburg» dans le Rhön; le sommet du volcan de 835 m près de la vieille ville du siège épiscopal de la Fulda

87

Links: Am Belchen (1414 m), dem zweithöchsten Gipfel des südlichen Schwarzwalds ∘ Left: At Mt. Belchen (4300 ft.) the second highest mountain in the southern part of the Black Forest ∘ A gauche: Sur le sommet «Belchen» (1414 m), deuzième sommet le plus élevé du sud de la «Forêt Noire»

Unten: Schwarzwald bei Triberg, international bekannter Kurort ∘ Below: Black Forest near Triberg, international health resort ∘ En bas: Triberg dans la «Forêt Noire», station thermale internationale

Winter im Schwarzwald — Alte Mühle im Höllental (rechts) mit wildromantischer Paßstraße in den Hochschwarzwald ∘ Wintertime in the Black Forest—old mill in the Höllental (right) with a wild romantic pass leading to the upper Black Forest ∘ L'hiver en «Forêt Noire» — (A droite): vieux moulin dans la vallée «Höllen» avec son col sauvage et romantique dans la «Haute Forêt Noire»

Fichtelgebirge: Burgstein, mit 869 m höchster
Punkt der Luisenburg ○ Fichtel Mountains: Burgstein (2500 ft.) highest elevation of the Luisenburg

○ Montagne «Fichtelgebirge»: Burgstein avec le
point culminant de 860 m du château «Luisenburg»

Fichtelgebirge: Burgstein, mit 869 m höchster
Punkt der Luisenburg ○ Fichtel Mountains: Burgstein (2500 ft.) highest elevation of the Luisenburg

Gotteszell im Bayerischen Wald, Ausgangspunkt der Regentalbahn nach Viechtach-Kötzing ◦ Gotteszell in the Bavarian Forest, starting point of the

Regentalbahn to Vietach-Kötzing ◦ Gotteszell dans la «Forêt bavaroise», point de départ de la voie ferrée de la «Regental»

*Arbersee am Fuße des Arbers, mit 1456 m höchster
Berg des Bayerischen Waldes ∘ Lake Arber at the
foot of Mt. Arber (4400 ft), highest mountain in the
Bavarian Forest ∘ Lac d'«Arber», au pied de la
montagne «Arber» avec ses 1456 m, point culminant de la «Forêt bavaroise»*

Burgen und Schlösser zwischen Main und Donau

»Urlaub in Deutschland. Romantik inclusive.« So lautet der Slogan, mit dem deutsche Reisebüros im Ausland werben. Mit Erfolg. Denn was verkörpert für den Touristen aus Übersee den Inbegriff deutscher Geschichte?

Alt-Heidelberg, du Feine! Die »an Ehren reiche« alte Universitätsstadt am Neckar mit den steingewordenen Zeugnissen einstiger Pracht und Herrlichkeit. Mit der Erinnerung an die »Wunderhorn«-Romantik eines Brentano und eines Achim von Arnim.

Romantik in Deutschland — das ist natürlich auch die Fachwerk-Idylle der Gassen von Rothenburg o. d. Tauber. Mittelalter im 20. Jahrhundert. Oder der Bamberger Reiter — Idealbild des deutschen Ritters. Nicht zu vergessen die Würzburger Residenz des großen Baumeisters Balthasar Neumann, Nürnbergs Lebkuchensüße oder die imposante Stammburg der Hohenzollern, in der Preußens großer König Friedrich II., der »Alte Fritz«, ruht.

Das alles und noch zahllose Schlösser, Burgen und Paläste, die von vergangener Fürsten- und Ritterherrlichkeit berichten, findet der Reisende im württembergischen und fränkischen Land zwischen Main und Donau. Einem an Historie reichen Fleckchen Erde, durch das die »Romantische Straße« vorbei an Rothenburg, Dinkelsbühl und Augsburg nach Füssen führt. Beginnend in Würzburg, der Stadt, von der Heinrich von Kleist, der Dichter des »Käthchens von Heilbronn«, diesem romantischsten aller deutschen Theaterstücke, einst schrieb: »Wenn ich auf der steinernen Mainbrücke stehe, die das Citadell von der Stadt trennt, und den gleitenden Strom betrachte, so ist es mir, als ob ich über das Leben erhaben stünde. In der Tiefe liegt die Stadt, wie in der Mitte eines Amphitheaters und oben in der Loge des Himmels steht Gott.«

Castles, fortresses and palaces—these relics of romantic Germany can be found in Württemberg and the Franconian Land between the Main and the Danube. There is Heidelberg—the old university city on the Neckar with its stone witnesses of former splendour and majesty. There are the idyllic half-timbered houses of Rothenburg ob der Tauber. Or the Bamberg Knight, who is the personification of the German knight. The Würzburg Residence of Balthazar Neumann should not be forgotten, neither Nürnberg and its famous ginger bread, nor the majestic ancestral residence of the dynasty of the Hohenzollern at Hechingen.

Avec ses forteresses, ses châteaux et ses palais, le voyageur rencontre l'Allemagne romantique, située entre le pays de Württemberg et de Franken, qui s'étend entre le Mein et le Danube. Là se dresse Heidelberg, vieille ville universitaire sur le Neckar, avec son château, témoins devenus pierres, d'une somptuosité et splendeur unique. Ou bien l'idylle des charpentes cloisonnées de Rothenburg o. d. Tauber. Ou bien encore le «Chevalier de Bamberg»: copie exacte du chevalier allemand. N'oublions pas la Résidence du Würzburg (de Balthasar Neumann), Nuremberg (ses pains d'épices), ou encore, l'imposant bourg de la famille des Hohenzollern, près d'Hechingen.

Markgräfliches Hoftheater in Bayreuth, besterhaltenes Barocktheater Deutschlands mit Innenausstattung von Giuseppe Galli-Bibiena ○ Margrave Court Theatre of Bayreuth, Germany's best preserved baroque style theatre, the interior decoration by Guiseppe Galli-Bibiena ○ Théâtre de cour baroque «Markgräflich» de Bayreuth, le mieux conservé d'Allemagne, avec décoration intérieure de Giuseppe Galli-Bibiena

Unten: Wintermorgen am Main ∘ Below: Winter morning at the Main ∘ Ci-dessous: matin d'hiver sur le Main
Rechts: Schloß Mespelbrunn, gotische Wasserburg im Spessart, Stammburg der Edlen von Mespelbrunn, erbaut Anfang des 15. Jahrhunderts ∘

Right: Mespelbrunn Castle, Gothic water castle in the Spessart, built in the beginning of the 15th century ∘ Ci-contre: le château de Mespelbrunn dans le Spessart: château gothique de la famille noble des Mespelbrunn, qui fut construit au début du XVè siècle

Würzburg — Blick auf Mainbrücke und Stadt mit Kuppel des Neumünsters, Graf-Eckard-Bau und Dom ◦ Würzburg—view on the Main bridge and the city with the dome of the New Minster church, *the Graf Eckard building and the cathedral ◦ Würzburg — Vue sur le pont du Mein et sur la ville avec la coupole de la «Neumünster», bâtiment «Graf-Eckard» et la cathédrale*

Audienzzimmer des Kaisers in der Würzburger Residenz, erbaut von B. Neumann mit Fresken von Giovanni Battista Tiepolo ○ The emperor's presence chamber in the Würzburg Residence, built by B. Neumann with frescos of Giovanni Battista Tiepolo ○ Chambre d'audience de l'Empereur dans la Résidence de Würzburg, construite par B. Neumann. Les fresques sont de Tiepolo

Bamberg, alte Bischofsstadt mit wechselvoller Ge-
schichte — Blick auf Altstadt mit Kaiserdom ∘
Bamberg, old bishopric town with eventful history,
view on the old part of the town with the cathedral

of the emperor ∘ Bamberg, ancienne ville épisco-
pale dont l'histoire fut mouvementée. Vue sur la
ville ancienne avec la cathédrale «Kaiserdom»

Nürnberg, Geburtsstadt Albrecht Dürers — Christ-kindlmarkt mit goldverziertem »Schönen Brunnen« und spätgotischer Frauenkirche ∘ Nürnberg, birthplace of Albrecht Dürer—Christkindl market-place with fountain and the late Gothic Frauenkir-che ∘ Nuremberg, ville natale d'Albert Dürer — Marché «Christkindl» et puits «Schönen Brunnen» avec ses ornements dorés et l'église «Frauenkirche»

Burg Prunn im Altmühltal, Idealbild einer mittel-
alterlichen Burg, Fundort eines Teils der Nibelun-
genhandschrift ○ Castle of Prunn in the Altmühl
valley, a typical medieval castle; here some manu-
scripts of the Nibelungen saga were found ○ Château «Prunn» à Altmühltal, image idéale d'un château moyennageux, lieu où fut trouvé une partie du
manuscript de «Nibelung»

Unten: Schwäbisch Hall im Kochertal, einst Zentrum des Salzhandels: Gedeckte Holzbrücken und gotische Michaeliskirche ○ Below: Schwäbisch Hall in the Kocher valley—covered wooden bridges and the Gothic church of St. Michael ○ En bas: «Schwäbisch Hall» de Kochertal: ponts en bois re-

couverts et l'église gothique de «Michaelis» Rechts: Kallmütz an der Naab am Ostrand des Fränkischen Jura ○ Right: Kallmütz on the river Naab, situated at the eastern border of the Franconian Mountains ○ A droite: Kallmütz sur le Naab, sur le flanc est du «Fränkischen Jura»

Unten: Plönlein in Rothenburg o. d. Tauber, unzerstörtes Kleinod deutschen Mittelalters an der Romantischen Straße ◦ Below: Plönlein in the region of Rothenburg/Tauber a jewel of the middle Ages located at the Romantic Street ◦ En bas: Plönlein à Rothenburg, sur la route romantique

Rechts: Portal des Jagd- und Rittersaals von Schloß Weikersheim in Württemberg aus dem 16. bis 18. Jahrhundert ◦ Right: Portal to the baronian hall of Weikersheim Castle in Württemberg ◦ A droite: Portail de la salle de «chasse et des chevaliers» du château «Weikersheim» à Württemberg

Heidelberg am Neckar, ehemals kurpfälz. Residenz, seit 1386 Universitätsstadt, mit dem im 17. Jahrhundert zerstörten Renaissanceschloß ○ Heidelberg on the river Neckar, university city since 1386; the Renaissance Castle was destroyed in the 17th century ○ Heidelberg-sur-le Neckar, depuis 1386 ville universitaire. Château de la Renaissance endômagé au XVIIe siècle

Schloß Schwetzingen mit Rokokotheater, Schauplatz der Schwetzinger Festspiele ○ Schwetzingen Castle with its Rococo theatre, scene of the Schwetzingen festivals ○ Château de Schwetzingen avec son théâtre rococo, centre des festivals de Schwetzingen

Rechts: Karlsruher Residenzschloß aus dem 18. Jahrhundert, heute Badisches Landesmuseum ○ Right: Residential Castle in Karlsruhe of the 18th century, today the museum of the Badenian district ○ A droite: Château de la Résidence de Carlsruhe du 18e siècle, actuellement musée de Baden

Unten: Barockschloß Favorite bei Rastatt an der Murg ○ Below: Baroque castle Favorite near Rastatt on the Murg ○ En bas: Château baroque «Favorite» près de Rastatt sur le Murg

Springbrunnen im Park des Neuen Schlosses von
Stuttgart, ehedem Residenz der württembergischen
Herzöge und Könige ∘ Fountain in the park of the
New Castle in Stuttgart, past residence of the dukes
and kings of Württemberg ∘ Jets d'eau dans le parc
du nouveau château de Stuttgart, ancienne résidence des ducs et rois de Württemberg

Burg Hohenzollern bei Hechingen, Stammschloß der Könige von Preußen und deutschen Kaiser aus dem Hause Hohenzollern ○ Fortress Hohenzollern near Hechingen, ancestral home of the kings of *Prussia and the emperors of the Hohenzollern dynasty ○ Château «Hohenzollern» près d'Hechingen, château des descendants des rois de Prusse et des empereurs allemands de la «Maison Hohenzollern»*

Im bayerischen Alpen- und Alpenvorland

»Im Wald is so staad, alle Weg san verwaht, alle Weg san vaschniebn, is koa Steigl net bliebn.« Eine kleine Liebeserklärung des sonst um bissige Bemerkungen kaum verlegenen Mundart-Dichters Ludwig Thoma an seine oberbayerische Heimat. An die Felsschroffen und Waldmatten, an die Bergseen und die romantischen Phantasieschlösser des Bayernlandes zwischen Lindau und Königssee.

Die Landkarte Oberbayerns liest sich wie ein zugkräftiger Reiseprospekt. Ob Berchtesgaden oder Garmisch, Mittenwald, Oberammergau, Zugspitze oder Watzmann, Chiemgau, Tegernsee oder Ludwigs Neuschwanstein — jeder Name ein Synonym für Urlauberwonnen. Und eine Bestätigung für den Stoßseufzer eines Einheimischen: »Man sollte halt nicht in einer ›Gegend‹ wohnen.«

Nichtsdestotrotz weiß man nirgends so standhaft seine Eigenständigkeit zu wahren wie im widerspenstigen Freistaat Bayern, an dessen Grenzen zwei freche Löwen die Fahne der weißblauen Souveränität hochhalten. »Von allen Nachkommen Adams und Evas haben es nur die Bayern verstanden, sich wieder ein Paradies auf Erden zu schaffen. Denn wo sonst fließt das Bier aus tausend unerschöpflichen Quellen, wo sonst wachsen Laug'nbrezen an Bäumen, verdunkeln Brathendlschwärme fast die Sonne, und wo sonst schwängert stets und ständig ein Duft nach gesottenen und gesurten Schweinshax'n die milde Föhnluft? Nur in Bayern.«

Herzstück des weiß-blauen Freistaates ist Deutschlands heimliche Hauptstadt — das »Millionendorf« München. Eine Stadt der Gegensätze, in der Schwabing ebenso wie Nymphenburg, Hofbräuhaus neben Frauenkirche, Kunst gleichberechtigt mit dem Bier zu Hause sind. Eine Stadt — so König Ludwig I. —, »die Teutschland so zur Ehre gereichen sollte, daß keiner Teutschland kenne, wenn er nicht auch München gesehen habe.«

The map of Upper Bavaria is like an attractive travel book. Whether Berchtesgaden, Garmisch, Mittenwald, Oberammergau, Mt. Zugspitze, Mt. Watzmann, the Chiemgau, Tegernsee or Ludwig's Neuschwanstein—each name is a synonym for a travellers delight. Notwithstanding people know nowhere elso how to keep their identity so persistently as in this headstrong freestate of Bavaria, at whose border two brazen faced lions hold up the banner of the white-blue symbol of their sovereignty. The heart of this free-state is the "million people village" Munich, Germany's secret capital.

La carte de la Haute-Bavière se lit aussi facilement qu'un prospectus de voyage. Que ce soient les noms de Berchtesgaden ou de Garmisch, de Mittenwald, d'Oberammergau, de la Zugspitze ou du Watzmann, de Chiemgau, de Tegernsee ou Ludwigs Neuschwanstein — tous ces noms sont pour les vacanciers synonymes d'enchantement. Aucun autre pays ne sait garder son originalité avec autant de fermeté comme cette rebelle Bavière «libre», qui représente sa souveraineté à ses frontières par deux lions hardis portant le drapeau blanc-bleu: Le «cour» de cette république est le «village de millions d'habitants»: Munich, capitale secrète d'Allemagne.

Ramsau, oberbayerische Gemeinde im Tal der Ramsauer Ache im Berchtesgadener Land ○ Ramsau, upper Bavarian community in the valley of the river Ramsau Ache in the Berchtesgaden region ○ Ramsau, village de la Haute-Bavière dans la vallée de «Ramsauer Ache» du district de Berchtesgaden

München, Hauptstadt von Bayern — Blick auf Altstadt mit Frauenkirche und neugotischem Rathaus am Marienplatz (rechts) und Monopteros, Tempelbau im Englischen Garten, 381 Hektar große Parkoase der Münchner (unten) ◦ Munich, capital of Bavaria, view on the old part of the city with the Frauenkirche and the new town-hall Gothic style at the Marien Square (right), the Monopteros, a temple in the English Garden, a 2.4 sq. miles parklike oasis for the people of Munich (below) ◦ Munich, capitale de la Bavière — (A droite): vue sur la ville ancienne avec l'église «Frauenkirche» et la mairie de style gothique récent, place «Marienplatz» (En bas): Monopteros, construction de temple dans le parc du «Jardin Anglais», oase des Munichois de 381 hectares

118

Links: Augsburg, Stadt der Fugger und Welser —
Blick auf Rathaus und Perlachturm ∘ Left: Augsburg, home of the Fugger and Welser families—
view on the town-hall and the Perlach Tower ∘ A
gauche: Augsburg, ville des «Fugger et Welser» —
Vue sur la mairie et la tour du «Perlach»

Unten: Zumsteinhaus und St. Lorenz-Kirche in
Kempten im Allgäu ∘ Below: House "Zumstein"
and St. Lorenz Church in the region of Kempten/
Allgäu ∘ En bas: la maison «Zumsteinhaus» et
l'église «St Lorenz» à Kempten en Allgäu

Bodensee, »Schwäbisches Meer«, mit 540 qkm größter Binnensee Westeuropas — Blick auf Inselstadt Lindau ∘ Lake Constance, the so-called Swabian Sea, with its 340 sq. miles the largest lake of West Europa; view on the island city Lindau ∘ Le Lac de Constance ou la «Schwäbisches Meer» est avec ses 540 km² le plus grand lac fluvial d'Europe de L'Ouest. Vue sur Lindau, ville de l'île

Tulpenblüte auf der Mainau, Insel im Bodensee mit subtropischer Pflanzenwelt, heute Besitz des Grafen Bernadotte ∘ Tulips in full bloom on Mainau, an island in Lake Constance with subtropical flora, *today it is the property of Count Bernadotte ∘ Floraison des tulipes sur l'île de Mainau, île du lac de Constance avec ses plantes subtropicales; actuellement propriété du Comte Bernadotte*

Loretto-Kapelle im Allgäu, dem alemannischen »Alpgau«, westlicher Eckpfeiler der Bayerischen Alpen ○ Loretto-chapel in the region of Allgäu, for- mer called "Alpgau", in the Western part of the Bavarian Alps ○ Chapelle «Loretto» dans l'Allgäu, à l'extrèmité des Alpes bavaroises

124

Weißensee bei Füssen am Fuße der Lechtaler Alpen
nahe der Tiroler Grenze ∘ Lake Weissensee near
Füssen, situated at the foot of the Lechtal Alps near

the Tyrolian border ∘ Lac "Weißen" près de Füssen,
au pied des Alpes de «Lechtaler», non loin de la
frontière tyrolienne

Neuschwanstein, steingewordener Traum des Bayernkönigs Ludwig II., heute Touristenattraktion für rund 800 000 Besucher jährlich ∘ Neuschwanstein Castle, architectural manifestation of the Bavarian king Ludwig II, today the attraction for about 800,000 tourists annually ∘ Neuschwanstein du roi de la Bavière Ludwig II; aujourd'hui centre d'attraction pour près de 800.000 touristes

Füssen, eine der ältesten Städte im Allgäu — Blick auf das Füssener Schloß, Residenz der Augsburger Bischöfe ∘ Füssen, one of the oldest towns of the Allgäu region, view on the Füssen Castle, residence of the bishops of Augsburg ∘ Füssen, une des plus anciennes villes d'Allgäu — Vue sur le château de Füssen, résidence des évèques d'Augsburg

Schloß Linderhof in der Abgeschiedenheit des Graswangtals am Hang des Ammergebirges, Lieblingswohnort Ludwigs II. ∘ Linderhof Castle in the seclusion of the Greaswang valley on the slope of the Ammer Mountains, favourite residence of Ludwig II ∘ Château "Linderhof" à l'écart de la vallée "Graswangtal", sur la pente de la montagne d'"Ammer", domicile de prédilection de Ludwig II

Benediktinerkloster Ettal mit barockem Kuppel-
bau, erbaut 1330 von Ludwig dem Bayern zwi-
schen Ettaler Manndl und Nothberg (»Klosterli-
kör«) ∘ Ettal Benedictine monastary with its baro-
que dome, built in 1330 by Ludwig the Bavarian
(famous for its liqueur: Klosterlikör) ∘ Cloître bé-
nédictin d'«Ettal» avec son dôme baroque, construit
en 1330 par Ludwig-de-Bavière

Wallberg am Tegernsee (1722 m), auf den von
Rottach-Egern aus eine Seilbahn führt ∘ Mt. Wallberg at Lake Tegernsee (5200 ft.), a cable-car leads
to it from Rottach-Egern ∘ De Rottach-Egern
monte un téléférique vers Wallberg sur le lac de Te-
gern à 1722 m d'altitude

*Blick auf Osterseen gegen Seeshaupt und Starnber-
ger See, in dem 1886 unter ungeklärten Umständen
König Ludwig II. ertrank ○ View at Osternseen in
the direction to Seeshaupt and Lake Starnberg; in
1886 king Ludwig II drowned here under un-* *known circumstances ○ Vue sur les lacs d'«Oster»
en direction à «Seeshaupt» et lac «Starnberger» où
se noya en 1886, dans des conditions encore incon-
nues, le roi Ludwig II*

Wasserburg am Inn, malerisch auf einer Halbinsel
gelegen, mit italienisch anmutendem spätgotischen
Stadtbild ○ Wasserburg, town on the river Inn, pic-
turesquely situated on a peninsula; the late Gothic

city style reminds the visitor of Italian scenes ○
Wasserburg, ville d'«Inn», situé sur une presqu'île
pittoresque, ce qui donne à l'ensemble de la ville
une impression italienne, de style gothique récent

Chiemsee, mit 80 qkm größter oberbayerischer See, »Bayerisches Meer«, mit Benediktinerinnenkloster und Fischerdorf auf der Fraueninsel ○ Lake Chiemsee, with its 50 sq. miles the largest lake in upper Bavaria, hence called the Bavarian Sea, with the

Benedictine convent and a fisher village on the Fraueninsel ○ Chiemsee, avec ses 80 km² de superficie, le plus grand lac de la Haute-Bavière, le «Bayerisches Meer», avec le cloître des Bénédictines et le village des pêcheurs sur l'île «Fraueninsel»

Unten: Kapelle St. Bartholomä am Ufer des Königssees vor der Ostwand des Watzmanns ∘ Below: Chapel of St. Bartholomew at the bank of the Königsee to the east of Mt. Watzmann ∘ En bas: Chapelle de St Bartholomé au pied du lac «Königssee», devant le mur est du «Watzmann»

Rechts: Pfarrkirche in der herbstlichen Ramsau ∘ Right: Parish church in the Ramsau region during autumn ∘ A droite: En automne dans la «Ramsau», l'église «Pfarrkirche»

135

Unten: Wagenbrüchsee, 929 m hoch gelegen, mit
Blick auf Karwendelmassiv ∘ Below: Wagenbrüchsee, (3000 ft.) with a view on the Karwendel
Mountains ∘ En bas: Le lac «Wagenbrüchsee», si-
tuè à 929 m d'altitude, avec vue sur le massif «Karwendel»

Rechts: Münchner Haus mit Wetterstation auf der
Zugspitze, mit 2963 m Deutschlands höchster Berg
∘ Meteorological station on Mt. Zugspitze, with
8,800 ft. the highest mountain of Germany ∘ La
station météorologique sur le «Zugspitze» avec ses
2963 m: la montagne la plus élevée d'Allemagne

Berlin bleibt doch Berlin

Hauptstadt oder Insel, Metropole oder geteilte Stadt — Berlin war und ist immer eine Reise wert. Und einen Schlager. Von der vielgepriesenen »Berliner Luft« über die »Spree, die immer noch durch die geteilte Stadt fließt« bis hin zu den langen, feuchten »Kreuzberger Nächten«. Denn »janz Berlin is eene Kneipe« — behauptet so mancher Besucher.

Berlin heute — das ist ein Blick »rüber« am Brandenburger Tor, über die Mauer, die die Berliner, schnoddrig wie sie sind, eines Tages wohl noch mit Blumentöpfen garnieren werden. Da ist auch viel »Moderne« wie das monströse Internationale Congreß Centrum, die »Pappschachtel, in die abends der Funkturm verpackt wird«, die Kongreßhalle, von den Berlinern nur liebevoll »schwangere Auster« genannt oder das imponierende Stadtautobahnnetz. Und nicht zu vergessen: Liebenswerte Nebensächlichkeiten, Schnörkel, die Berlin zu dem machen, was es ist: Beispielsweise der Trödelmarkt in der »Nolle«, einem ehemaligen U-Bahnhof, das »Berliner Museum«, das einzige Museum, dessen Hauptattraktion eine »Weißbierstube« ist oder aber die zahlreichen ausgeflippten Boutiquen rund um den Ku'damm.

Natürlich darf ein Stück Erinnerung an das Gestern nicht fehlen. Auch oder gerade weil die Berliner von sich behaupten, es gehöre nicht zu ihrem Stil, sentimental zu sein. Charlottenburger Schloß, Siegessäule, Gedächtniskirche, Reichstag oder Spandauer Zitadelle zählen zu den wenigen im westlichen Teil verbliebenen Zeugen der Vergangenheit.

Und nicht zu vergessen — Berlin ist auch eine grüne Stadt. Wer einmal durch den Grunewald ging, über die Havelseen fuhr, im Wannsee badete oder die dörfliche Stille von Düppel genoß, der weiß: Berlin hat viele Gesichter.

Capital or island, metropolis or divided city—Berlin was and is worth a visit. There is contemporary Berlin—a glance across the wall at the Brandenburg Gate, a lot of modern architecture like the new International Congress Centre, the Congress Hall, the impressive motorway system. And there is also a part that reminds one of yesterday—Charlottenburg Castle, the Memorial Church, the former parliament building or the Victory Column, all this belongs to Berlin although or rather because its people claim that their way of life is not one of sentimentality. Berlin—city with many faces.

Capitale ou île, métropole ou ville partagée, Berlin valait bien et vaut toujours un voyage. Voilà le Berlin d'aujourd'hui: un coup d'oeil de l'autre côté du Mur, au «Brandenburger Tor». On y rencontre beaucoup de «moderne», comme l'offre le nouveau «Centre International des Congrès», la Kongreßhalle, ou bien l'imposant réseau d'autoroutes de la ville. Parcequ'aussi et justement les Berlinois affirment d'eux que ce n'est pas dans leur genre d'être sentimentaux, on y garde les souvenirs d'hier: le «Château de Charlottenburg, la «Gedächtniskirche» (église), le «Reichstag» ou bien la «Siegessäule» — Berlin est une ville avec de nombreux visages.

Rechts: Wahrzeichen im Zentrum Westberlins: Ruine der Kaiser-Wilhelm-Gedächtniskirche und 86 m hohes Europa-Center ∘ Right: Landmarks of the centre of West Berlin: Europe Centre and the ruins of the Kaiser Wilhelm Memorial Church ∘ A droite: Monuments caractéristiques de Berlin-Ouest: le Centre «Europa» et les ruines de l'église «Kaiser-Wilhelm-Gedächtniskirche»

Schloß Charlottenburg, 1695 erbaut, heute Museum: Vor dem Schloß Reiterdenkmal des Großen Kurfürsten von Andreas Schlüter, 1698 (unten) — Im Schloß »Goldene Galerie« (rechts) ∘ Charlottenburg Castle; in front of the castle the monument of the Great Elector sculptured by Andreas Schlüter in 1698 (below), the Golden Gallery inside the castle (right) ∘ Le château de «Charlottenburg»; devant le château, le «Reiterdenkmal» par Andreas Schlüter (1698), monument commémoratif représentant «le Großen Kurfürsten» (en bas), dans le château «Goldene Galerie» (à droite).

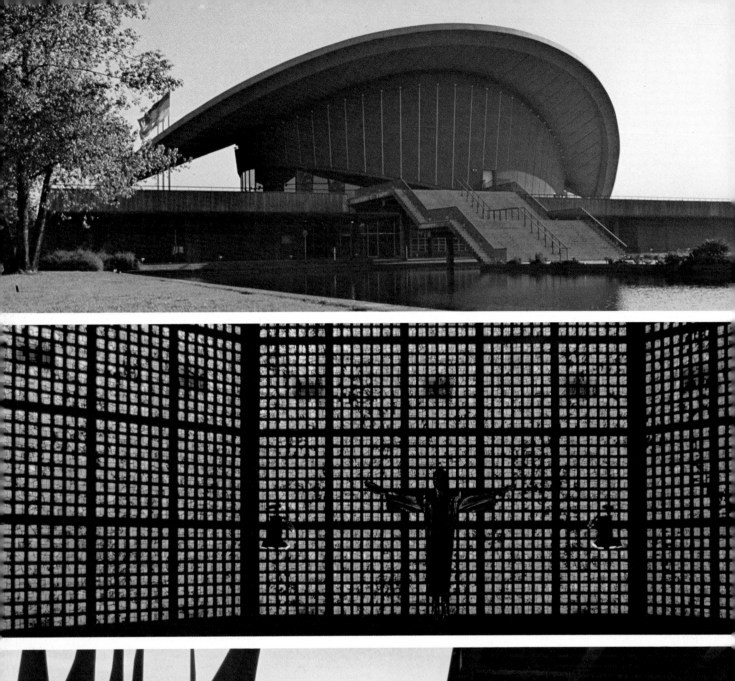

Links: Modernes Berlin: Kongreßhalle, amerikanische Stiftung 1957; Buntglasscheiben mit Altarbildnis im Neubau der Gedächtniskirche; Neue Nationalgalerie von Mies van der Rohes (v. o n. u.) ◦ *Left: Todays Berlin: Congress Hall, an American foundation of 1957; coloured window panes and altar picture in the new Memorial Church; the New National Gallery built by Mies van der Rohe (from top to bottom)* ◦ *A gauche: Le «Berlin*

Moderne»: la «Salle des Congrès»,(don des Américains de 1957; vitraux et autel dans la nouvelle «Gedächtniskirche»; nouvelle «Galerie Nationale» de Mies van der Rohe (de haut en bas)
Unten: Schloß Friedrich Wilhelms II. auf der Pfaueninsel, Naturschutzgebiet in der Havel ◦ *Below: Castle on Peacock Island, a wildlife park in the Havel region* ◦ *En bas: Palais sur l'île «Pfaueninsel» endroit protégé de la Havel*

Register

Aachen	55	Köln	56, 57
Altes Land	25	Königssee	134
Alt-Mölln	20	Lembeck, Schloß	48
Arbersee	95	Limburg	62
Assmannshausen	69	Lindau	122
Augsburg	120	Linderhof, Schloß	128
Bacharach	68	Lübeck	18, 19
Bad Ems	63	Luisenburg	92
Bad Oldesloe	21	Lüneburger Heide	28, 29
Bamberg	102	Mainau, Insel	123
Bayreuth	97	Mainz	71
Bayerischer Wald	79, 93, 94, 95	Merl b. Zell	65
Belchen	88	Mespelbrunn, Schloß	99
Bensheim-Auerbach	75	Milseburg	87
Bergstraße	61, 74, 75, 86	Miltach	79
Berlin	139, 140, 141, 142, 143	Möhnetalsperre	81
Bodensee	122, 123	Monschau	85
Bonn	58	München	118, 119
Braunschweig	38	Münster	46, 47, 59
Bremen	30	Neuschwanstein, Schloß	126
Brenner Moor	21	Nürnberg	103
Brocken	41	Okertal	27
Chiemsee	133	Oldenburg	31
Cuxhaven	11, 12	Osterseen	131
Dortmund	49	Paderborn	44
Duisburg	49, 51	Prunn, Burg	104
Düsseldorf	52, 53	Ramsau	117, 135
Eifel	85	Rastatt	112
Einbeck	35	Rhön	87
Eltz, Burg	64	Rodt	77
Eppstein	84	Rosenberg, Festung	105
Essen	50	Rothenburg o. d. Tauber	108
Ettal, Kloster	129	Sauerland	81, 82
Fichtelgebirge	92	Schwäbisch Hall	106
Flensburg	16	Schwarzwald	88, 89, 90, 91
Frankfurt	72, 73	Schwetzingen	111
Freudenberg	82	Seeheim	74
Füssen	125, 127	Speyer	76
Gemen, Wasserschloß	43	Starnberger See	131
Goslar	40	Steinhuder Meer	34
Gotteszell	94	Steinmühle	83
Greetsiel	14	Stuttgart	114
Hamburg	22, 23, 24	Sylt	10
Hannover	32, 33	Taunus	84
Harz	27, 40, 41	Teutoburger Wald	80
Heidelberg	110	Travemünde	17
Helgoland	13	Triberg	88
Heppenheim	61, 86	Wagenbrüchsee	136
Hildesheim	37	Wallberg	130
Hohenzollern, Burg	115	Wasserburg a. Inn	132
Höllental	91	Weikersheim, Schloß	109
Jever	15	Weißensee	125
Kallmütz	107	Wennigstedt	10
Karlsruhe	113	Weserbergland	83
Karwendel	136	Wiesbaden	70
Kaub, Rheinpfalz	67	Wolfenbüttel	36
Kempten	121	Wolfsburg	39
Kleve	54	Würzburg	100, 101
Koblenz	66	Zugspitze	137